樹脂粘土でつくる ころんと可愛い

和菓子アクセサリー

— desicco／on from home —

CONTENTS

※（　）内の数字はつくり方ページを示しています。

春 Spring

3月 March
- 桃のリング ……………………………………… 6（48）
- ひしもちのネックレス ………………………… 7（49）
- ひなあられのブレスレット …………………… 7（50）

4月 April
- 桜のチャーム …………………………………… 8（51）
- 桜きんとんのリング …………………………… 9（52）
- 桜ねりきりのリング …………………………… 9（53）
- 三色だんごのイヤリング ……………………… 10（53）
- こんぺいとうのピアス ………………………… 11（54）
- つづれ糸のピアス ……………………………… 11（54）

5月 May
- 唐衣のネックレス ……………………………… 12（55）
- 青もみじのバレッタ …………………………… 13（56）
- 木の芽まんじゅうのヘアピン ………………… 14（57）

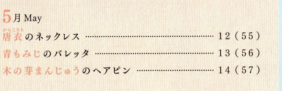

夏 Summer

6月 June
- 水まんじゅうのリング ………………………… 16（57）
- あじさいきんとんの帯飾り・ピアス ………… 17（58）
- あじさい羹のピアス …………………………… 17（58）

7月 July
- 七夕ゼリーのブローチ ………………………… 18（59）
- 天の川のブローチ ……………………………… 18（60）
- 琥珀糖のブレスレット ………………………… 19（61）

8月 August
- 金魚のかんざし ………………………………… 20（62）
- どんぐり飴のかんざし ………………………… 20（63）
- 水面のリング …………………………………… 21（63）
- ひまわりのピアス ……………………………… 21（64）
- 朝顔のネックレス・ピアス …………………… 22（65）

秋 Autumn

9月 September
- みたらしだんごのイヤリング …… 24（66）
- たいやきのイヤリング …………… 24（67）
- 菊のかんざし・ヘアピン ………… 25（67）
- ききょうのチャーム ……………… 25（68）

10月 October
- すすきまんじゅうのリング ……… 26（69）
- うさぎまんじゅうの帯留め・ピアス … 27（69）

11月 November
- 柿のリング・スカーフ留め ……… 28（70）
- いがぐりのチャーム・リング …… 28（71）
- 唐錦のピアス ……………………… 29（71）
- 紅葉のヘアピン …………………… 30（72）

冬 Winter

12月 December
- ゆずゼリーのネックレス・ピアス … 32（73）
- いちご大福のチャーム・イヤリング … 33（74）
- 豆大福のピアス …………………… 33（75）

1月 January
- 松竹梅のブローチ ………………… 34（76）
- 千鳥のバレッタ …………………… 35（78）

2月 February
- うぐいすのチャーム・ピアス …… 36（78）
- 椿のブレスレット ………………… 37（79）

つくり方

- 基本の材料と道具 ………………………… 38
- 粘土の扱い方と着色方法 ………………… 40
- UVレジンの基本 ………………………… 44
- アクセサリーパーツの付け方 …………… 45
- 掲載作品のつくり方 ……………………… 48

春
Spring

雪がとけ、少しずつ暖かくなってくる気候に
ワクワクする気持ちを抑えられない春。
この時季の和菓子は、桜や新緑など、
自然の色を表現したものが多くなります。

3月
March

桃のリング

春らしいピンク色のフォルムに心がときめきます。
ぷっくりとした桃のリングを身に着ければ、
春のおでかけが、ますます楽しくなりそう。
Designed by desicco

作り方
P.48

ひなあられのブレスレット

ザラザラとした質感を表現した樹脂粘土を
大小つなぎ、遊び心のある
ブレスレットに仕立てました。

Designed by desicco

作り方 P.50

ひしもちのネックレス

ひな祭りの「ひしもち」をネックレスに。
ピンク、白、緑の爽やかなカラーで
首元にかわいらしさをプラスしてみては？

Designed by desicco

作り方 P.49

4月
April

桜のチャーム

桜の花びらを三角ベラで形づくるので、
まるで本物の和菓子をつくるような楽しさを味わえます。
小物に彩りを添える、春にぴったりのチャーム。
Designed by desicco

作り方
P.51

桜きんとんの リング

ピンクと緑があざやかなきんとん。
周りにまぶしたそぼろ状の餡も
樹脂粘土でリアルに表現されています。
Designed by on from home

作り方 P.52

桜ねりきりの リング

小さな桜の花をぎゅっと集めた
ねりきりをリングに仕立てました。
ピンクと白のグラデーションがキュート。
Designed by on from home

作り方 P.53

三色だんごの
イヤリング

おいしそうな三色だんごのイヤリングは
「花よりだんご」のあなたにぴったり。
お花見のときに着けて楽しんで。
Designed by on from home

作り方
P.53

こんぺいとうの ピアス

こんぺいとうの実物で型取りするので、
「本物のこんぺいとう？」と思わず
二度見されてしまいそうなピアスに。
Designed by desicco

作り方 P.54

つづれ糸の ピアス

伝統のつづれ織に使用する
色あざやかな糸を和菓子で表現。
金箔がワンポイントになっています。
Designed by on from home

作り方 P.54

5月
May

唐衣(からごろも)のネックレス

樹脂粘土を重ね、淡いグラデーションに。
本物同様に丁寧に折りたたむことで
美しく上品な形を再現することができます。

Designed by desicco

作り方
P.55

青もみじのバレッタ

初夏の青々としたもみじの落雁をバレッタにしました。
色あざやかなグラデーションが目を引くので、
爽やかな印象を与えつつ、ちょっとしたポイントにも。

Designed by desicco

作り方
P.56

木の芽まんじゅうの ヘアピン

まんじゅうの形にした樹脂粘土にスポンジで色を付け、
鉄板で焼いたような焦げ目を再現します。
丁寧に葉っぱを描けば、本物そっくり！
Designed by desicco

作り方
P.57

夏
Summer

楽しいイベントがいっぱいの夏。
透明感のある和菓子アクセサリーは、
身に着けるだけで涼しくなりそう。
浴衣にも合うものがたくさんあります。

6月 June

水まんじゅうの リング

みずみずしい水まんじゅうを再現したリング。
ぷるんと透き通るように仕上げるには
ゆっくりと時間をかけて乾燥させるのがコツ。

Designed by desicco

作り方 P.57

あじさいきんとんの帯飾り・ピアス

ピンク、白、水色のきんとんで
あじさいの小花を表現。
帯飾りとピアスをおそろいで着けて。

Designed by on from home

作り方
P.58

あじさい羹のピアス

寒天の透明感はプラ板で表現。
ピンクと水色のグラデーションが
涼しげな印象を与えてくれます。

Designed by desicco

作り方
P.58

7月
July

天の川の
ブローチ

夜空を横切る天の川をイメージした
青色と黄色のグラデーション生地で、
餡をくるりと包み込みました。
Designed by desicco

作り方
P.60

七夕ゼリーの
ブローチ

水色のレジン液のなかに
星をたくさんちりばめれば、
とってもキュートなブローチに。
Designed by desicco

作り方
P.59

琥珀糖のブレスレット

プラスチック粘土をランダムにカットしていくと、
まるで宝石のような琥珀糖を再現できます。
透明感のあるパーツが涼しげです。
Designed by desicco

作り方
P.61

8月
August

金魚のかんざし

金魚、葉、小豆と立体的なパーツを
ひとつひとつ丁寧に形づくります。
レジン液のなかで金魚を優雅に泳がせて。
Designed by desicco

作り方
P.62

どんぐり飴の
かんざし

サンドパウダーをザラメ糖に見立てると、
夏祭りで見かける、どんぐり飴のように。
ころんと可愛く、浴衣にも似合います。
Designed by desicco

作り方
P.63

水面のリング

ポイントは重ねる色味のバランス。
子どものころに石ころを投げてできた、
水面の輪を思い出させます。
Designed by desicco

作り方 P.63

ひまわりのピアス

丸い形がかわいいひまわりのピアス。
小さめにつくってあるので
夏のファッションに取り入れやすそう。
Designed by on from home

作り方 P.64

朝顔の ネックレス・ピアス

「夏休み」を思い出させる朝顔は花のグラデーションがポイント。浴衣にも洋服にも合わせられます。
Designed by on from home

作り方
P.65

秋
Autumn

おいしいものがたくさんの秋。
旬のお菓子や果物をアクセサリーにしてみましょう。
赤や黄色など紅葉の色合いを取り入れて
日本の美しい秋を表現してみてください。

9月
September

たいやきの イヤリング

中に詰まった餡までしっかりと再現した
リアルなたいやきのイヤリング。
身に着けるだけで、ほっこり癒やされます。
Designed by desicco

作り方
P.67

みたらしだんごの イヤリング

スポンジで焦げ目を付けて、
とろりとしたレジン液をかければ
みたらしだんごのできあがり。
Designed by desicco

作り方
P.66

菊の
かんざし・ヘアピン

樹脂粘土で繊細な菊の花を表現。
色と大きさを変えてつくり、
ヘアピンとかんざしに仕立てました。
Designed by on from home

作り方
P.67

ききょうの
チャーム

紫のグラデーションが美しいききょうを
小さなチャームにしました。
いろいろなところに着けて持ち歩いて。
Designed by on from home

作り方
P.68

10月 October

すすきまんじゅうの リング

「すすき」の焼印を絵具で描いていきます。
ふんわりとしたまんじゅうの質感を再現するため、
仕上げのニスは塗りすぎないようにして。

Designed by desicco

作り方
P.69

うさぎまんじゅうの
帯留め・ピアス

乾いた筆で焦げ目を付けて、うさぎの耳に。
ころんとした形がかわいい帯留めとピアス。
いつまでも眺めていたくなる愛らしさです。
Designed by desicco

作り方
P.69

いがぐりの
チャーム・リング

黄緑色のきんとんでいがを表現して
チャームとリングに仕立てました。
中からのぞく栗がお茶目。
Designed by on from home

作り方
P.71

柿の
リング・スカーフ留め

ヘタの部分まで細かく再現した小さな柿。
大きさを変えてつくって
リングやスカーフ留めに変身。
Designed by on from home

作り方
P.70

唐錦のピアス

唐錦は色とりどりに染まる秋の山を表現しています。
3色の生地をぎゅっと絞って茶巾にすれば
耳元を彩る華やかなピアスが完成。
Designed by desicco

作り方
P.71

紅葉のヘアピン

2色の樹脂粘土で紅葉のグラデーションを再現します。
紅葉の上生菓子のように、
絶妙な色合いが美しいヘアアクセサリー。
Designed by desicco

作り方
P.72

冬
Winter

寒い冬に温かいお茶とともにいただく和菓子。
大福やゆずのお菓子などをアクセサリーにしました。
松竹梅などのおめでたいモチーフは
お正月のおでかけにぜひ身に着けて。

ゆずゼリーの
ネックレス・ピアス

中身をくりぬいてつくった
ゆずゼリーをアクセサリーにしました。
ゼリーの透明感がポイント。

Designed by on from home

作り方
P.73

豆大福のピアス

大福にまぶす片栗粉をベビーパウダーで
表現します。豆のつぶつぶ感が
ほどよく見えるように皮の厚さを工夫して。

Designed by desicco

作り方
P.75

いちご大福の
チャーム・イヤリング

真っ赤ないちごをのせた
冬ならではの和菓子「いちご大福」。
赤と白のコントラストがきれいです。

Designed by on from home

作り方
P.74

1月 January

松竹梅のブローチ

松、竹、梅と3つのモチーフを
細やかなところまで丁寧につくります。
お正月のおめでたい雰囲気にぴったり。

Designed by desicco

作り方
P.76

千鳥のバレッタ

スポンジで表面の質感を出します。
はんなりとした薄紫色と黄色で、
ほろっと溶けそうな千鳥の干菓子を再現して。
Designed by desicco

作り方
P.78

2月 February

うぐいすの チャーム・ピアス

丸いフォルムがかわいいうぐいすは
「うぐいす色」の表現がポイント。
大小サイズを変えてつくって親子みたいに。
Designed by on from home

作り方 P.78

椿のブレスレット

椿の葉を上手に表現するのがポイントです。
濃い赤色の凛とした美しさと、
細やかなデザインが魅力的なブレスレット。

Designed by desicco

作り方 P.79

基本の材料と道具

作品づくりをはじめる前に、用意しておくべき材料と道具を確認しましょう。

基本の材料

樹脂粘土
樹脂性の粘土。乾燥すると耐水性に変化。色付きの製品もあります。

絵具
樹脂粘土を着色します。アクリル絵具、水彩絵具、油絵具が使えます。

作品によって使う材料

透明粘土
乾燥させると透明になる粘土。ひび割れないように、ゆっくり乾燥させるのがポイント。

シリコーンモールド
自分でシリコーン製の型がつくれるもの。同じ形のものをたくさんつくりたいときなどに重宝します。

その他 サンドパウダー、ベビーパウダー、透明チューブ、プラ板、プラスチック粘土（お湯でやわらかくなるもの）など

主な道具

樹脂粘土専用スケール
混色の際など、正確に粘土をはかりたいときに使うスケール。

粘土板
粘土の下に敷くと粘土がくっつきにくくなり、作業しやすくなります。

めん棒・ラップの芯
粘土を薄くのばします。ラップの芯はラップを巻いた状態で使用。

クリアファイル
粘土を平らにのばす際に使います。粘土板代わりにも。

定規
サイズをはかるほか、小さな粘土をのばすときにも。

ヘラ・細工棒類
粘土に模様を付けます。いろいろな種類を用意しましょう。

マチ針・つまようじ
模様を付けるほか、細かいパーツを扱うときにも使います。

ピンセット
小さなパーツをのせるときに使います。

ハサミ
粘土をカットしたり、模様を付けたりするときに使います。

カッター・カッターマット
乾燥させたあとに粘土をカットする場合に使います。

ボンド
乾燥させた粘土やパーツをくっつけるときに使います。

つや消しニス・アクリルニス
仕上げに塗り、表面を保護。つや消しとつや出しタイプがあります。

作品によって使う道具

歯ブラシ
粘土の表面に細かい模様を付けたいときに使います。

型
粘土をかたどることで、同じ形をたくさんつくれます。製菓用でも可。

パンチ
薄くのばして乾燥させた粘土をくりぬいて使います。いろいろな形があります。

金網
粘土をこして、きんとん状にするときに使います。

発泡スチロール
制作途中のパーツを刺して作業したり、乾燥させたりするときに使います。

スポンジ・筆
乾燥させたあと、絵具などで模様を描く際に使います。

アクセサリー金具

丸カン
パーツとパーツをつなぎたいときに使います。

9ピン
片方の先が丸くなった「9」の形をしています。反対側も丸めてほかのパーツとつなぎます。

引き輪
ネックレスなどを留めるパーツです。チェーンやアジャスターなどに留めて使います。

ヒートン
穴をあけた箇所に差し込みます。輪になった部分にさまざまなパーツを付けられます。

Tピン
片側の先端が「T」の形をしています。片側を丸めてパーツとつなぎます。

アジャスター
ネックレスやブレスレットの長さを調整するための留め具。引き輪とセットで使います。

アクセサリーの土台
ヘアピン、イヤリング、ピアス、リング、ブローチ、ネックレスなどさまざまなアクセサリーの土台が市販されています。

パーツを付けるときに使う道具

ピンバイス
粘土に穴をあける道具。樹脂粘土を乾燥させたあとに使います。

ニッパー
チェーンやワイヤーなどをカットするときに使います。

ヤットコ
ワイヤーなどを曲げたり、丸めたりするときに使います。丸ヤットコと平ヤットコがあります。

多用途接着剤
ヒートンに付けて穴に入れるなど、金具と粘土を付けるときに。接着力の強いものがおすすめ。

粘土の扱い方と着色方法

粘土の基本をご紹介。すべての作業の基本となるのでしっかり押さえて。

粘土を保管する

1 袋は保管するときに使うので、なるべくきれいに開けましょう。粘土をカットするときはテグスを使うときれいに切れます。

2 保管する分はラップ（ポリ塩化ビニリデンのもの）でぴったりと包みます。

3 袋に戻したら、口を輪ゴムでしっかりと縛りましょう。

粘土をはかる

《 丸めた大きさではかる 》

粘土を球体に丸め、その直径で大きさをはかります。※本書では、粘土の量をこの方法で示しています。

《 スケールを使ってはかる 》

1 樹脂粘土専用のスケールを使います。取りたい量の窪みに少し多めに樹脂粘土をのせて押し込みます。

2 付属のスティックのヘラ側ですり切ります。

3 付属のスティックのピック側で取り出します。

着色する

《 絵具で着色する 》

1 無着色または白色の樹脂粘土につまようじで絵具をのせます。絵具は水彩絵具でもアクリル絵具でもOKです。

2 色が混ざるようによくこねます。

3 完全に混ざった状態。

《 粘土で色をつくる 》

1 混ぜたい色の樹脂粘土を用意します。分量をわかりやすくするため球体に丸めたほうがよいでしょう。

2 2色の粘土が混ざるようによくこねます。

3 完全に混ざった状態。

濃すぎたときの調整

1 できあがりの分量が変わらぬよう濃すぎた粘土を少量減らします。

2 減らした分、無着色または白色の樹脂粘土を足してこねます。

薄すぎたときの調整

少量の絵具を足して調整します。量を少し減らし、濃い色の樹脂粘土を混ぜてもOKです。

粘土を丸める

1 手のひらに樹脂粘土をのせます。

2 反対側の手を円を描くように動かして丸めていきます。

3 きれいな球体になるまで1～2を繰り返します。

粘土をのばす

《押し付ける》　　　　　　　　　　　　　　　　　《めん棒でのばす》

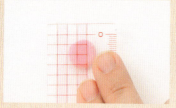
1 定規の面などの平らなもので粘土をのばします。

2 目的の厚さになるまで上から押し付けます。

クリアファイルなどをのせ、めん棒やラップの芯でのばします。より薄くのばしたいときに適しています。

粘土を包む

1 外側になるほうの樹脂粘土を平らにのばし、中身の樹脂粘土に付けます。

2 中身の樹脂粘土が内側に入るよう外側をのばして閉じていきます。

3 中身の樹脂粘土が完全に見えなくなるように包みます。

中の色を透けさせる

1 上記「粘土を包む」の3で閉じた部分と反対側を透けさせます。

2 内側から外側に向かって少しずつ指でのばしていきます。

3 自然にぼかします。

金網でこす

1 樹脂粘土を丸め、金網に押し付けます。

2 強く押し付けてこしていきます。

3 アートナイフなどで根本からこそぎ落とします。作品によって、バラバラにして使ったり、かたまりで使ったりします。

グラデーションをつくる

1 2色の樹脂粘土を付けます。

2 クリアファイルなどをのせ、めん棒やラップの芯でのばします。

3 たたんで再び**2**のようにのばします。好みのグラデーションになるまで繰り返します。

茶巾絞りにする

1 樹脂粘土をラップの上に置き、形を整えやすくするため、霧吹きで軽く水を吹き付けます。

2 ラップで包み、上部をギュッとひねります。

3 ラップを外します。

模様を付ける

《 細工棒 》

粘土用の道具。樹脂粘土に筋を付けるときに使います。

《 三角ベラ 》

和菓子用のもの。樹脂粘土に深い溝をつくるときに使います。

《 アートナイフ 》

刃が鋭くカッターのようになっています。樹脂粘土に細かい模様を入れるときに。

《 歯ブラシ 》

樹脂粘土の表面に細かな凹凸を付けるときに使います。

《 ハサミ 》

樹脂粘土に切り込みを入れて模様をつくります。

UVレジンの基本
クリアな質感を出したいときに使うレジン。基本的な使い方を見ていきましょう。

UVレジンの材料と道具

UVライト
レジン液を早く硬化させるためのもの。レジン液は太陽光でも硬化させることができます。

レジン液
紫外線（UV）で硬化する液体樹脂です。アクセサリーに使うならハードタイプを選びましょう。

型
レジン液を流して固めます。ほかにもラムネの空き容器などさまざまなものが使用可。

顔料
レジン液の着色に使います。本書では、ジェル・アクリル用の透明顔料を使用しています。

やすり
UVレジンを硬化させたあと、表面の凹凸を取るために使います。

UVレジンの注意事項
1. レジンを使うときは換気をしっかりしましょう。
2. レジンが手や服、家具などに付かないようにしましょう。

レジンの基本
さまざまな使い方ができるレジンですが、基本的な3つの使い方を見ていきましょう。

《 型に入れる 》

1. 型にレジン液を流します。パーツを封入するときは1/4から1/5くらいまで流し込み、一度硬化させます。
2. 中にパーツを入れます。バランスに注意しましょう。
3. 型いっぱいにレジン液を流し、気泡があればつまようじでつついて硬化させます。

《 塗る 》

作品の表面に塗って硬化させることで、つや感を表現することができます。

《 金具を付ける 》

作品をアクセサリーにするときは、金具も一緒に硬化することで固定できます。

アクセサリー金具の付け方

基本をマスターすればつくった作品をいろいろなアクセサリーにすることができます。

めがね留め

ワイヤーを通して輪をつくる方法です。さまざまなアクセサリーに使うことができます。

《 両側めがね 》

1 ワイヤーの先端を曲げ、丸ヤットコで輪をつくり、2回ねじります。

2 穴をあけた作品やビーズに2本のワイヤーを通します。

3 通した片方のワイヤーを丸ヤットコで挟みます。

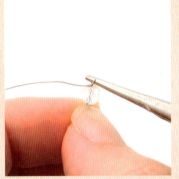

4 作品やビーズの方向に1回転させて輪をつくります。

5 もう片方のワイヤーを2回きつく巻き、ギリギリのところをカットします。

《 片側めがね 》

1 作品やビーズの穴にワイヤーを通して3回ねじります。

2 片方のワイヤーを丸ヤットコで挟んで1回転させて輪をつくります。

3 もう片方のワイヤーを2回きつく巻き、ギリギリのところをカットします。

ピンバイスとヒートン

作品にピンバイスで穴をあけ、ヒートンという輪の付いた金具を差し込みます。

《 ヒートンを付ける 》

1 ヒートンを付けたい位置にピンバイスで穴をあけます。

2 ヒートンが入るか確認します。

3 ヒートンの先に多用途接着剤を付けて差し込みます。

《 貫通させる 》

1 ピンバイスで穴をあけます。穴が曲がらないよう注意しましょう。

2 貫通させます。

3 9ピンを通します。または、P.45「めがね留め」をしてもいいでしょう。

直接貼る

アクセサリーパーツには貼るだけでできるものもたくさんあります。リングやピアスがすぐに完成します。

1 パーツを貼る位置を確認します。

2 パーツに多用途接着剤を塗ります。

3 接着し、乾燥させます。

丸カンを付ける

金具と金具をつなぐ丸カンの基本的な使い方です。

1 丸ヤットコ2本で丸カンを挟みます。

2 カンの入り口を前後に開けます。左右に開かないように注意しましょう。

3 チェーンやアジャスターなどのパーツをつなぎ、カンを閉じます。

チェーン

パーツにチェーンを付けることで、揺れるアクセサリーをつくることができます。

1 芯立てタイプのピアスパーツとチェーンを用意します。カン付きタイプのものでもOK。

2 芯の部分にチェーンを通します。カン付きの場合は丸カンでチェーンをつなぎます。

3 片穴のパールなどを多用途接着剤で付けます。

ひも止め

ひもの先端に付けるパーツです。ブレスレットやネックレスをつくる際に。

1 束ねるひもの先端をセロハンテープでまとめます（今回はボールチェーンも一緒に束ねます）。

2 ひも止めの中に1の先端を入れます。

3 ペンチなどでひも止めを締めます。

タッセル

根付けや帯留めにぴったりのタッセルは、ひもを束ねてつくります。

1 つくりたい長さ＋1cmの台紙にひもを巻き付けます。巻き始めも巻き終わりも下にくるように。

2 巻き付けた糸の上部を同じひもで束ねて結びます。結び目が内側にくるようにします。

3 別のひもでまとめ結びをします。巻き始めが輪になるように持ち、それを押さえるように巻き付けていきます。

4 巻き終わりを3でつくった輪に通します。

5 上下に引き合い、結び目のギリギリのところをカットします。

6 房をそろえ、下部をカットします。やかんなどの蒸気を当てるとまっすぐに（割り箸などで挟みましょう）。

掲載作品のつくり方

P.5～37に掲載されている作品のつくり方をご紹介します。
つくり始める前に、P.38～47をよく読んで、
基本的な道具やつくり方を確認しましょう。

注意事項

- 樹脂粘土の色づけは、アクリル絵具・水彩絵具・油絵具のどれを使っても構いません。また、カラーの樹脂粘土を用いてもOKです。材料を参照し、あらかじめ着色しておきましょう。
- 【道具】は特別に使用したものを記載しています。P.38の「主な道具」は省略していますので適宜用意してください。
- 作品の【サイズ】は、アクセサリー金具を除いた大きさになっています。
- 個々の作品のつくり方ページでは、アクセサリー金具の付け方を簡略化して解説しています。P.45「アクセサリー金具の付け方」を参考に、用途に合ったものを付けてください。
- ピアスなど2つセットのものは、片方のつくり方で解説しています。同じものをもう1つつくりましょう。
- パーツ類は細かなものが多くなりますのでお子さまの誤飲等にお気をつけください。また、刃物などの扱いにも十分注意してください。

桃のリング

掲載 P.6

【サイズ】
約（縦）12×（横）10×（厚さ）5mm

【材料】
樹脂粘土（ピンク色・黄色・白色に着色）
透明粘土
水彩絵具（緑色）
リング台（8mm 丸皿 ゴールド）

【道具】
多用途接着剤

1. ピンク色、白色、黄色の樹脂粘土を、それぞれ直径約8mm、4mm、6mmに丸めます。

2. 上からピンク色、白色、黄色の順番で付けます。

3. 2をたたむ・ラップの芯でのばすを繰り返し、グラデーションをつくります。

4. グラデーションがくずれないように、3を巻きます。

4を丸めます。

直径約10mmの白色の樹脂粘土を薄くのばし、5を包みます。

指でつまんで、桃の形になるように角をつくります。

つまようじで桃の割れ目をつくります。

乾燥させます。

葉の部分をつくるため、透明粘土に緑色の水彩絵具を入れてラップの芯で薄くのばします。

完成写真を参考に、ハサミで葉の形に切ります。

9が乾燥したら、つや消しニススプレーを吹きかけます。

葉につまようじで多用途接着剤を付け、葉と桃を貼り合わせます。完成写真を参考に多用途接着剤でリング台に付けます。

ひしもちのネックレス

掲載 P.7

【サイズ】
約(縦)10×(横)17×(厚さ)5mm

【材料】
樹脂粘土(ピンク色・白色・緑色に着色)
9ピン(0.5×30mm ゴールド)2本
丸カン(0.6×3mm ゴールド)2個
チェーンネックレス(38cm アジャスター付き ゴールド)

【道具】
ピンバイス
丸ヤットコ
ニッパー

直径約8mmのピンク色、白色、緑色の樹脂粘土を少し乾燥させてラップの芯でのばします。

2

緑色、白色、ピンク色の順番に重ねます。クリアファイルに挟んで、ラップの芯で約5mmの厚さまでのばします。

3

完全に乾燥させたら、カッターで約10×17mmのひし形にカットし、つや消しニススプレーを吹きかけます。

4

ピンバイスで穴をあけて9ピンを入れ、反対側も丸めます。ニッパーで半分に切ったチェーンを写真を参考にして丸カンで付けます。

ひなあられのブレスレット　掲載P.7

【サイズ】
約（直径）10mm（丸型）
約（縦）5×（横）12mm（楕円形）
【材料】
樹脂粘土（黄土色に着色）
水彩絵具（白色・ピンク色・黄緑色）
サンドパウダー
9ピン（0.5×20mm ゴールド）10個
丸カン（0.7×3.5mm ゴールド）11個
引き輪（6mm ゴールド）
アジャスターNO1（ゴールド）
【道具】
発泡スチロール
ピンバイス
丸ヤットコ

1

黄土色の樹脂粘土を手で裂くようにしてザラザラな面をつくり、つまようじで突いて凹凸をつくります。

2

1の手順で直径約10mmの丸型と幅約12mmの楕円形を各5個ずつつくります。

3

1でつくったザラザラな面を内側に入れるように軽く粘土をこね、あられのいびつな形を表現します。

4

発泡スチロールに立てて乾燥させます。

5

白色・ピンク色・黄緑色の各絵具とボンドを1:1で混ぜ、サンドパウダーを適量加え、つまようじで4にラフに2回付けます。

6

発泡スチロールに立てて乾燥させ、乾燥したら、つや消しニススプレーを2～3回吹きかけて乾かします。

7

9ピンを刺して、丸ヤットコで丸い輪をつくります。完成写真を参考に丸カンでひなあられをつなぎ合わせ、引き輪とアジャスターを付けます。

桜のチャーム

掲載 P.8

【サイズ】
約（直径）20×（厚さ）5mm

【材料】
樹脂粘土(ピンク色・白色・黄色に着色)
ヒートン No.7（ゴールド）
丸カン（10×0.5mm ゴールド）
キーホルダー ゴールド（中）

【道具】
ピンバイス
多用途接着剤

1

ピンク色と白色の樹脂粘土を、それぞれ直径約10mmに丸めます。

2

ピンク色の樹脂粘土を、白色の樹脂粘土で包み手のひらで軽くつぶします。

3

直径7mmの白色の樹脂粘土を2で包みます。

4

三角ベラで中心から5等分にします。

5

指で花びらの先をつまんで、とがらせます。

6

花びらの先をボールペンの頭の部分など先端が丸いもので、軽く押しつぶします。

7

三角ベラで花びらの先端に割れ目をつくります。

8

黄色の樹脂粘土を直径約2mmに丸め、乾燥させます。

9

8を多用途接着剤で7の中心に貼り付け、つや消しニススプレーをかけます。ピンバイスで穴をあけヒートンを差し、丸カンでキーホルダーを付けます。

桜きんとんのリング

掲載 P.9

【サイズ】
約（直径）10mm

【材料】
樹脂粘土（無着色）※型取り用
樹脂粘土（ピンク色・黄緑色に着色）
桜の型紙（直径約8mm／手描きでも可）
シリコーンモールド
アクリル絵具（黄色）
リング台（4mm 丸皿 ゴールド）

【道具】
金網
筆（平筆）
多用途接着剤

1 型取り用の樹脂粘土を薄くのばして桜の型紙を置き、乾いたら桜の形にカットします。

2 シリコーンモールドで1の型をつくり、ピンク色の樹脂粘土を入れます。

3 半乾きのうちに外し、真ん中をマチ針の頭などで少しくぼませます。

4 黄緑色の樹脂粘土を、直径約5mmに丸めます。

5 4を金網に押し付けてきんとんをつくります。

6 1つずつ外してパラパラにし、乾いたらカッターやアートナイフで形を整えます。

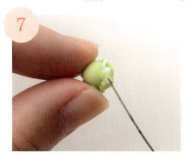

7 直径約5mmに丸めた黄緑色の樹脂粘土に、ボンドで6をまんべんなく付けます。

8 黄色の絵具とボンドを混ぜてつまようじに取ります。

9 7のきんとんの上に3を貼り付け、8で真ん中に点を描き、平筆で水性アクリルニスを塗ります。多用途接着剤でリング台に付けます。

桜ねりきりのリング 掲載 P.9

【サイズ】
約(直径)11mm
【材料】
樹脂粘土(無着色)※型取り用
樹脂粘土(ピンク色・白色に着色)
桜の型紙(直径約8mm/手描きでも可)
シリコーンモールド
アクリル絵具(黄色)
リング台(4mm 丸皿 ゴールド)

【道具】
ラップ
輪ゴム
筆(平筆)
多用途接着剤

1

P.52 1 と同様に桜の型をつくり、グラデーションの樹脂粘土で桜を7枚つくります。

2

ピンク色の樹脂粘土で直径約8mmの丸をつくり、周りに1を貼ります。

3

2をラップで包んで輪ゴムで縛り、指でギュッと形を整えます。

4

P.52 8 と同様に点を描き、平筆で水性アクリルニスを塗ります。多用途接着剤でリングに付けます。

三色だんごのイヤリング 掲載 P.10

【サイズ】
約(縦)23×(横)3×(厚さ)3.5mm
【材料】
樹脂粘土(ピンク色・白色・緑色・茶色に着色)
ノンホールピアス(シルバー)2個
コイルリング用玉キャッチ(シルバー)4個
ヒートン No.6(シルバー)2個

【道具】
ピンバイス
多用途接着剤

1

ピンク色、白色、緑色の樹脂粘土をそれぞれ直径約3mmに丸めます。

2

茶色の樹脂粘土をのばして棒状にします。

3

1をピンク色、白色、緑色の順にボンドで付けます。

4

2をボンドで付け、水性アクリルニスを塗ります。ピンク色の団子にピンバイスで穴をあけてヒートンを入れ、イヤリングの金具を付けます。

こんぺいとうのピアス

掲載 P.11

【サイズ】
約（直径）6mm

【材料】
こんぺいとう（食用）※型取り用
UVレジン液（ハードタイプ）
顔料（白色・蛍光ピンク色）
プラスチック粘土（お湯でやわらかくなるもの 透明）
ピアス（皿付き 3mm ゴールド）2個

【道具】
保存容器
UVライト
多用途接着剤
やすり #400

1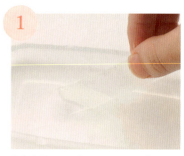

保存容器に、80℃以上のお湯とプラスチック粘土を入れます。

2

やわらかくなったら、こんぺいとうで型を取ります。こんぺいとうを約8割染み込ませて固まったら取り出します。

3

レジン液を顔料で、白色と蛍光ピンク色にそれぞれ着色します。

4

つまようじに3を取り、2の型に少しずつ流し込みます。

5

UVライトで2〜4分硬化させ、型から取り出します。

6

ハサミで形を整えます。

7

やすりをかけ、平らな面にピアスの金具を多用途接着剤で付けます。

つづれ糸のピアス

掲載 P.11

【サイズ】
約（縦）14×（横）9×（厚さ）8mm

【材料】
樹脂粘土（黄色・黄緑色・オレンジ色・ピンク色に着色）
金箔
シリコーンモールド
ピアス（皿付き 6mm ゴールド）2個

【道具】
針金（直径1.5mm）
両面テープ
筆（平筆）

1

約50mmにカットした針金を約10本用意し、両面テープで貼ります。

2

1をシリコーンモールドに押し付けて、型を取ります。

3

黄色の樹脂粘土で幅約7mmの俵形をつくり、乾燥させておきます。

4

黄緑色、ピンク色、オレンジ色の樹脂粘土を細長くのばし、付けます。

5

2の型にはめて模様をつけ、横幅約9mmにカットします。

6

3が乾いたら5で包み、縦が14mmになるよう先端をカットします。

7

平筆で水性アクリルニスを塗り金箔をボンドで付けたら、金箔にも水性アクリルニスを塗ります。ピアスの金具を多用途接着剤で付けます。

唐衣のネックレス 掲載P.12

【サイズ】
約(縦)15×(横)20×(厚さ)5mm

【材料】
樹脂粘土(薄紫色・白色・黄色に着色)
ヒートン No.7(ゴールド)
チェーンネックレス(38cm アジャスター付き)

【道具】
ピンバイス
多用途接着剤

1

樹脂粘土を、薄紫色は直径約5mmに、白色は直径約4mmに丸めます。

2

1を付けます。

3

クリアファイルに挟んでラップの芯でのばします。きれいなグラデーションができるまで、たたむ・のばすを繰り返します。

4

3を約25mm四方にカットします。

5

黄色の樹脂粘土を直径約4mmに丸めます。

6

5を4で包み、写真を参考に四角形の対角を横にずらして折り込みます。

7

上側を折り込みます。乾燥後、つや消しニススプレーを吹きかけます。ピンバイスで穴をあけてヒートンを入れ、チェーンを通します。

青もみじのバレッタ

掲載 P.13

【サイズ】（1個あたり）
約（縦）20×（横）20×（厚さ）2mm
【材料】
樹脂粘土（緑色・白色に着色）
安口バレッタ（60mm ゴールド）
【道具】
和菓子型（パジコ）
多用途接着剤

1

直径約8mmの緑色の樹脂粘土と、直径約6mmの白色の樹脂粘土を付けます。

2

クリアファイルに挟んでラップの芯でのばします。

3

2をたたんで、再度のばします。

4

たたむ・のばすを繰り返して、グラデーション模様をつくります。

5

グラデーション模様が真ん中にくるように、丸めて折り曲げます。

6

適量を取って和菓子型にはめ込みます。樹脂粘土が乾燥する前に取り出します。

7

つや消しニススプレーを2回吹きかけます。完成写真を参考に1つずつ多用途接着剤でバレッタに固定して乾燥させます。

木の芽まんじゅうのヘアピン

掲載 P.14

【サイズ】
約（直径）15mm

【材料】
樹脂粘土（白色または着色なし）
アクリル絵具（茶色・黄色・こげ茶色・緑色）
ヘアピン（10mm 丸皿 ゴールド）

【道具】
スポンジ
筆（細筆）
多用途接着剤

1

樹脂粘土を直径約15mmのまんじゅう形に成形し、乾燥させます。

2

茶色と黄色の絵具をスポンジに取り、1に軽く押しあてて焦げ目を付けます。

3

2の上からこげ茶色の絵具を少量のせます。

4

緑色の絵具を筆に取り、葉を描き水性アクリルニスを表裏に塗ります。ヘアピンに多用途接着剤で付けます。

水まんじゅうのリング

掲載 P.16

【サイズ】
約（直径）10mm

【材料】
樹脂粘土（黄色・緑色・茶色・ピンク色に着色）
透明粘土
透明粘土用 コート液
リング台（6mm 丸皿 ゴールド）

【道具】
保存容器
筆（平筆）
発泡スチロール
多用途接着剤

1

黄色、緑色、茶色、ピンク色にそれぞれ着色した樹脂粘土を直径約5mmに丸め底辺を平らにします。透明粘土も、同じように丸めます。

2

樹脂粘土が乾燥したら、透明粘土で包み込みます。

3

2を保存容器などに入れてゆっくりと乾燥させます。乾燥すると表面が透明になります。

4

つまようじで発泡スチロールに刺して透明粘土用コート液を平筆で2度塗りし、乾燥させます。多用途接着剤でリング台に付けます。

あじさいきんとんの帯飾り・ピアス

掲載 P.17

【サイズ】
帯飾り：約（直径）18mm
ピアス：約（直径）10mm
【材料】
樹脂粘土（紫色・水色・白色に着色）
透明チューブ
帯飾り：（帯飾りプレート、根付けひも、ヒートン2個、丸カン2個、9ピン、チェーン、ワイヤー、ビーズ）
ピアス：（U字ピアス、ヒートン2個、丸カン2個、ワイヤー、ビーズ）
【道具】
金網
筆（平筆）
ピンバイス
多用途接着剤

1

餡用の白色の樹脂粘土を丸めます（帯飾り直径約12mm、ピアス直径約6mm）。

2

紫色、水色、白色の樹脂粘土をそれぞれ直径約10mmに丸め、それぞれ金網に押し付けてきんとんをつくります。

3

1つずつ外してバラバラにし、乾いたらカッターやアートナイフで形を整えます。

4

1に3を1つずつ貼ります。

5

全面に重ねて貼ります。

6
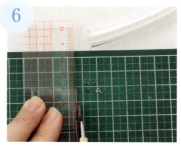
透明チューブを約1mm四方にカットします。

7

6を5の上部にボンドで付け、平筆で水性アクリルニスを塗ります。ピンバイスで穴をあけてヒートンを入れ、完成写真を参考にしてパーツを付けます。

あじさい羹のピアス

掲載 P.17

【サイズ】
約（直径）18mm
【材料】
樹脂粘土（ピンク色・水色に着色）
プラ板
UVレジン液（ハードタイプ）
ピアス（丸皿 6mm ゴールド）
【道具】
オーブントースター
UVライト
やすり #400
霧吹き
多用途接着剤

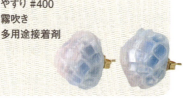

1

直径約10mmのピンク色と水色の樹脂粘土を付けます。

2

クリアファイルで挟み、ラップの芯でのばします。

3

2をたたむ・のばすを繰り返して、グラデーションをつくります。

4

3を丸め直径約15mmの丸をつくります。

5

プラ板を約7mm四方に約40個カットして少し離して天板に敷き、オーブントースターで焼きます（600Wで約80秒が目安）。

6

4に霧吹きで水を吹きかけます。

7

5を6に接着剤で約20個ずつ付けて乾燥させます。

8

つまようじで上からレジン液をかけて、全体を覆います。UVライトで約2～4分硬化させたら、余分なところをハサミで切ります。

9

レジン液でピアスの金具に固定させUVライトで約2分硬化させます。

10

8で切った箇所にやすりをかけ、霧吹きで水を吹きかけたら、水分を拭き取ります。

七夕ゼリーのブローチ

掲載 P.18

【サイズ】
約（直径）20×（厚さ）12mm

【材料】
樹脂粘土（白色・薄黄色に着色）
UVレジン液（ハードタイプ）
顔料（青色）
ウラピン No.101（ゴールド）

【道具】
星型のパンチ
ソフトモールド 半球（パジコ）
UVライト
やすり #400
霧吹き

1

白色と薄黄色の樹脂粘土を、それぞれクリアファイルで挟み、ラップの芯でパンチで挟めるくらいまで薄くのばします。

2 乾燥したら、星形のパンチでくりぬきます。

3 青色の顔料を混ぜたレジン液をソフトモールド（直径25mmの穴）に約1/5流し込みます。UVライトで約2分硬化させます。

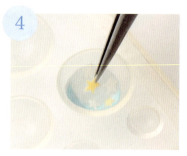

4 ピンセットを使い、2を入れます。

5 4が重ならないように、つまようじで調整します。レジン液をいっぱいまで入れて、UVライトで約2〜4分硬化させます。

6 余ったレジン液を流して、ウラピンを中心より少し上に置きます。UVライトで約2分硬化させ固定します。

7 硬化したら、ハサミで周りの余分な部分を切り取ります。周りをやすりがけして霧吹きをかけ、粉を拭き取ります。

天の川のブローチ

掲載 P.18

【サイズ】
約（縦）20×（横）20×（厚さ）10mm
【材料】
樹脂粘土（黄色・薄い青緑色・濃い青緑色に着色）
ウラピン No.101（ゴールド）

【道具】
星形のパンチ
多用途接着剤
プラ板

1 黄色の樹脂粘土をクリアファイルで挟み、パンチで挟めるくらいまでラップの芯で薄くのばします。

2 乾燥したら星形のパンチでくりぬきます。

3 直径約12mmの薄い青緑色の樹脂粘土と、直径約10mmの濃い青緑色の樹脂粘土を丸めます。

4 3を付けます。

5

4をクリアファイルで挟み、ラップの芯でのばす・たたむを繰り返してグラデーションをつくります。

6

プラ板などで約50×20mmの長方形にカットします。

7

6に等間隔の線を付けます。

8

黄色の樹脂粘土を幅約20mmの楕円形にして7で包み、乾燥させます。

9

2を多用途接着剤で固定し、仕上げにつや消しニススプレーを吹きかけます。右の写真を参考にウラピンを多用途接着剤で付けます。

琥珀糖のブレスレット

掲載 P.19

【サイズ】
約（直径）12×（厚さ）7mm

【材料】
プラスチック粘土（透明）
9ピン（0.5×20mm ゴールド）9本
丸カン（0.7×3.5mm ゴールド）18個
アジャスターNO1（ゴールド）
引き輪（6mm ゴールド）

【道具】
丸ヤットコ

1

プラスチック粘土をカッターで幅約10mmのランダムな形にカットします。

2

1の角をカッターで切り落として、多角形をつくります。いろいろな形をつくるのがポイント。

3

つや消しニススプレーを2の全体に2回吹きかけます。

4

3に9ピンを刺します。間に丸カン2個を入れてつなげていき、アジャスターと引き輪をつなげます。

金魚のかんざし

掲載 P.20

【サイズ】
約（直径）20×（厚さ）8mm

【材料】
樹脂粘土（朱色・緑色・茶色に着色）
UVレジン液（ハードタイプ）
顔料（青色）
ヒートン No.7（ゴールド）
丸カン（0.7×3.5mm ゴールド）
ヘア金具 かんざしカン付（ゴールド）

【道具】
ソフトモールド 半球（パジコ）
霧吹き
ピンバイス
多用途接着剤
やすり #400

1

朱色の樹脂粘土を幅約5mmの楕円形にします。

2

楕円形の中心に、つまようじで筋を付けます。

3

金魚のおしりの部分をつくります。楕円形の片方の先に十字模様を付けます。

4

十字模様の中心に穴をあけて広げ、フチを波形にします。

5

つまようじでくびれをつくります。

6

緑色の樹脂粘土をのばして乾燥させ、写真を参考に、ハサミで葉の形に切ります。

7

茶色の樹脂粘土を小さく丸めて豆のパーツをつくります。

8

青色の顔料を混ぜたレジン液をソフトモールド（直径18mmの穴）に約1/5流し込んで、UVライトで約2分硬化させます。

9

ピンセットを使い、金魚、葉、豆のパーツが重ならないように置き、残りのレジン液を流し込みます。

10
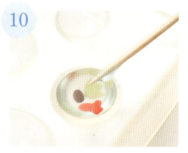
UVライトで2〜4分硬化させます。周りの余分な部分をやすりがけして霧吹きをかけ、粉を拭き取ります。ピンバイスで穴をあけてヒートンを入れ、丸カンを使ってヘア金具を取り付けます。

どんぐり飴のかんざし

掲載 P.20

【サイズ】（1粒あたり）
約（直径）7mm
【材料】
透明粘土
アクリル絵具（ピンク色・オレンジ色・青色・白色）
サンドパウダー
ボンド
9ピン（0.5×20mm ゴールド）2個
Tピン（0.6×30mm ゴールド）
丸カン（0.7×3.5mm ゴールド）7個
ヘア金具 かんざしカン付（ゴールド）
【道具】
筆（細筆・平筆）
発泡スチロール
ピンバイス
丸ヤットコ

1

透明粘土にピンク色、オレンジ色、青色の絵具をそれぞれ加えて着色し、直径約7mmに丸めます。

2

乾燥したら細筆を使い、白色の絵具で玉の真上から真下に向かって1～3箇所ランダムに模様を描きます。

3

ボンドとサンドパウダーを混ぜ、つまようじに刺した2の全体に付けます。

4

発泡スチロールに立てて乾燥させます。

5

つや消しニススプレーを2～3回吹きかけて、乾燥させます。

6

5に平筆で水性アクリルニスを塗ります。3つの玉に穴をあけ、2つに9ピンを、1つにTピンを差し丸カンでつなげ、ヘア金具を取りつけます。

水面のリング

掲載 P.21

【サイズ】
約（直径）18×（厚さ）5mm
【材料】
樹脂粘土（茶色に着色）
UVレジン液（ハードタイプ）
顔料（青色・黄色）
リング台（6mm 丸皿 ゴールド）
【道具】
ラムネ菓子の空き容器
UVライト
やすり #400
霧吹き

1

茶色の樹脂粘土を約2mmの楕円形に丸めて乾燥させます（リング1つにつき3個使用）。

ラムネ菓子の空き容器の約1/4まで透明のレジン液を流し入れ、UVライトで約2分硬化させます。

1の樹脂粘土を3つ入れます。

透明のレジン液を約3/4まで流し入れます。気泡が抜けたら、UVライトで約2〜4分硬化させます。

黄色と青色の顔料を混ぜて黄緑色にしたレジン液を、型にいっぱいになるように流し入れて約2分硬化させます。

余分な部分をハサミで切り取ります。

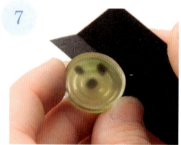

やすりで角を削って霧吹きをかけ、ティッシュで粉を拭き取ります。レジンを薄くのせ、リングをUVライトで約2分硬化させます。

ひまわりのピアス

掲載 P.21

【サイズ】
約（直径）12×（厚さ）8mm
【材料】
樹脂粘土（黄色・茶色に着色）
ピアス（丸皿 6mm ゴールド）
【道具】
金網
筆（平筆）
多用途接着剤

黄色の花びら用の樹脂粘土を、直径約10mmの少しつぶれた丸に成形します。中心に針で印を付けます。

細工棒で1の印から外側へ花びらを約10枚描いていきます。

筆の柄の先など先端が丸いもので中心にくぼみを付けます。

直径約8mmに茶色の樹脂粘土を丸め、金網に押し付けてきんとん状にします。バラバラにしないよう気をつけます。

5	6	

かたまりの状態で外し、ピンセットを使って3のくぼみにボンドで付けます。	平筆で水性アクリルニスを塗ります。ピアスを多用途接着剤で付けます。	

朝顔のネックレス・ピアス

掲載 P.22

【サイズ】
約（直径）12mm

【材料】
樹脂粘土（水色・ピンク色・紫色・白色・黄緑色に着色）
葉の型紙（約6mm）
透明チューブ
シリコーンモールド
ネックレス：チェーンネックレス（38cm アジャスター付き シルバー）、ヒートン No.6（シルバー）、丸カン（0.6×3mm シルバー）
ピアス：真鍮ユー字ピアス（シルバー）2個、丸カン（0.6×3mm シルバー）2個、ヒートン No.6（シルバー）2個、半貴石（32面ラウンドカット 約4mm）、アーティスティックワイヤー
【道具】筆（平筆）／多用途接着剤

1

樹脂粘土を花びらの色（水色、ピンク色、紫色）と白色に着色し、各直径約10mmに丸めます。

2

花びらの色の樹脂粘土を、定規の平らな面などを使用してのばします。

3

白色の樹脂粘土を2で包みます。

4

中に入れた白色の粘土がうっすらと出て来るように、指でぼかします。

5

中心に針で印を付けます。

6

外側から中心に向かって、細工棒で5枚の花びらの模様を描いていきます。

7

透明チューブをカッターで約1mm四方の正方形にカットします。

8

P.52 1、2と同様に、シリコーンモールドで葉の形を取り、黄緑色の樹脂粘土で葉をつくります。

9

花の上に透明チューブと8をボンドで貼り、平筆で水性アクリルニスを塗ります。ピンバイスで穴をあけてヒートンを入れ、パーツを付けます。

みたらしだんごのイヤリング
掲載 P.24

【サイズ】
約（直径）17×（厚さ）5mm
【材料】
樹脂粘土（白色または着色なし）
UVレジン液（ハードタイプ）
顔料（茶色・朱色・黄色）
アクリル絵具（茶色・こげ茶色・黒色）
9ピン（0.5×30mm ゴールド）
丸カン（0.6×3mm ゴールド）3個
チェーン（2cm ゴールド）2個
ノンホールピアス
【道具】
スポンジ
発泡スチロール
ピンバイス

1

樹脂粘土を指で直径約5mmに丸めたものを3個つくり、少し乾燥させます。

2

中心に9ピンを刺し、完全に乾かします。

3

茶色の絵具をスポンジに取り、2に塗ります。

4

3の上に、こげ茶色の絵具を軽く塗ります。

5

4で使用した絵具に黒色を混ぜ合わせ、4の上に重ねて塗ります。

6

発泡スチロールにピンを刺して、茶色・朱色・黄色の顔料を混ぜたレジン液をつまようじでたっぷりとかけます。

7
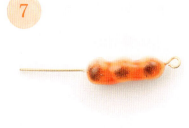
UVライトで約2〜4分硬化させることを2回繰り返します。9ピンの先を丸ヤットコで丸め、丸カンでチェーンとピアスをつなぎます。

たいやきのイヤリング 掲載P.24

【サイズ】
約（縦）22×（横）15×（厚さ）7mm
【材料】
樹脂粘土（黄土色・茶色に着色）
アクリル絵具（茶色・こげ茶色）
ヒートン No.7（ゴールド）2個
ノンホールピアス 2個
丸カン（0.6×3mm ゴールド）4個

【道具】
スポンジ
和菓子型（パジコ）
筆（細筆）
ピンバイス
多用途接着剤

和菓子型に、黄土色の樹脂粘土を入れます。たいやき1個につき、両面分の2個の型を取ります。

1を乾燥させます。

水で薄めた茶色の絵具を、側面以外の全体に細筆で薄く塗ります。

濃い茶色の絵具をスポンジに取り、おなかとフチを塗ります。

濃い茶色の絵具を、焦げ目に見えるように上から重ねます。両面に塗り終わったら、つや消しニススプレーを吹きかけます。

内側に、茶色の樹脂粘土を付けます。餡のつぶつぶ感が出るように、つまようじで凹凸を付けフチは少しはみ出させます。

餡部分全体を接着剤でコーティングして、もう1個の皮と付けます。尾の部分に穴をあけてヒートンを入れ、丸カンでピアスをつなぎます。

菊のかんざし・ヘアピン 掲載P.25

【サイズ】
かんざし：約（直径）18mm
ヘアピン：約（直径）10mm
【材料】
樹脂粘土（ピンク色・オレンジ色・黄色のいずれかに着色）
かんざし：ヘア金具 かんざし（ゴールド）、丸カン（0.6×3mm ゴールド）2個、ヒートン No.4（ゴールド）2個、

パール（8mm）2個、ビーズコード（0.6mm シルバー）20cm、くみひも（1mm）2.7m
ヘアピン：ヘアピン（10mm 丸皿 ゴールド）
【道具】
両面テープ／ハサミ（眉切り用の細いもの）／ピンバイス／多用途接着剤

樹脂粘土を花びらの色（ピンク色、オレンジ色、黄色）に着色し、でき上がりサイズ程度に丸め、下部を平らにします。

2 細工しやすい台に両面テープで固定し、下からハサミで切り込みを入れていきます。切り込みの大きさをそろえるよう気をつけます。

3 1周したら、2段目は1段目の間になるよう切り込みを入れていきます。

4 黄色の樹脂粘土を直径約2mmに丸めボンドで貼り、乾燥したら水性アクリルニスを塗ります。ヒートンまたは多用途接着剤でパーツを付けます。

ききょうのチャーム

掲載 P.25

【サイズ】
約（直径）12mm
【材料】
樹脂粘土（薄紫色、紫色、白色、黄色に着色）
ひも止め（S シルバー）
ボールチェーン（ロジウムカラー）
フリーメタリコ（ピンク）
サテンコード（アイボリー・ローズダスト）
板付バチカン（丸 ロジウムカラー）
【道具】
セロハンテープ
ペンチ
多用途接着剤

1 薄紫色と紫色の樹脂粘土を、各直径約10mmに丸めます。

2 紫色の樹脂粘土を平らにします。

3 紫色の樹脂粘土で薄紫色の樹脂粘土を包むように丸めます。

4 白色の樹脂粘土を少しだけ真ん中に付けてなじませ、中心に針で印を付けます。

5 細工棒で外側から中心に向かって、花びらを描いていきます。

6 5の花びらの先を指でつまんでとがらせます。

7 細工棒で模様を付け、黄色の樹脂粘土を小さく丸めて中心にのせます。水性アクリルニスを塗ります。バチカンに多用途接着剤で貼り、コード類を通してひも止めを付けます。

すすきまんじゅうのリング

掲載 P.26

【サイズ】
約（直径）13×（厚さ）7mm
【材料】
樹脂粘土（白色または着色なし）
アクリル絵具（茶色・黄色）
リング台（8mm 丸皿 ゴールド）

【道具】
筆（細筆・平筆）
スポンジ
ティッシュ
多用途接着剤

1

まんじゅう形にした樹脂粘土に、つまようじで、すすきの形に溝をつくります（写真参照）。

2

乾燥させたら、溝の部分に茶色の絵具を細筆で塗ります。

3

スポンジに黄色の絵具を少し付けて、ティッシュで拭き取りながら色を薄めます。薄めた絵具を左上にぼかします。

4

平筆で水性アクリルニスを薄く塗って乾燥させます。多用途接着剤でリングに付けます。

うさぎまんじゅうの帯留め・ピアス

掲載 P.27

【サイズ】
帯留め：約（縦）30×（横）25×（厚さ）7mm
ピアス：約（縦）10×（横）7×（厚さ）3mm
【材料】
樹脂粘土（白色または着色なし）
アクリル絵具（茶色・朱色）
ピアス（丸皿 6mm ゴールド）

帯留め（長方形 ゴールド）
【道具】
水性アクリルニス
筆（細筆・平筆）
ティッシュ
多用途接着剤

1

樹脂粘土を帯留めは直径約20mmに、ピアスは直径約7mmに丸めます。少しつぶれた楕円形にしましょう。

2

つまようじの先が目の傍にくるように、うさぎ模様の耳部分の溝をつくります。

3

乾燥させたら茶色の絵具を塗ります。絵具は細筆に取ったら、ティッシュで拭き取り水分を取って、かすれたように塗ります。

4

朱色の絵具で目を描きます。平筆で水性アクリルニスを薄く塗ります。多用途接着剤で帯留めとピアスに付けます。

柿のリング・スカーフ留め

掲載 P.28

【サイズ】
スカーフ留め：約（直径）18mm
ピアス：約（直径）12mm
【材料】
樹脂粘土（濃いオレンジ色・緑色・茶色に着色）
スカーフ留め：カブトピン（60mm 金古美）、丸カン（1.2×7mm 金古美）、両面ミニフレーム ラウンドS（金古美）
リング：リング台 ピンキー（フリー丸皿 金古美）
【道具】
筆（平筆）
多用途接着剤

1
濃いオレンジ色の樹脂粘土をでき上がりサイズを参考にして、少しつぶれた丸に成形します。

2
真ん中に針で印を付けます。

3
緑色の樹脂粘土を直径約4mmの丸に成形します。

4
3を伸ばします。

5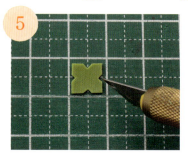
4を直径約8mm（スカーフ留め）、直径約5mm（ピアス）の葉の形にカットします。

6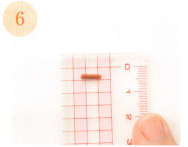
茶色の樹脂粘土を直径約4mmに丸め、棒状にのばします。

7
6の先端をカッターで割ります。

8
茶色の樹脂粘土で小さな丸をつくり、のばします。

9
7と8をボンドで付けます。

10
2に5、9を付け、乾燥したら平筆で水性アクリルニスを塗ります。両面ミニフレーム、リング台にそれぞれ多用途接着剤で付け、スカーフ留めのほうはほかの金具をつなぎます。

いがぐりのチャーム・リング

掲載 P.28

【サイズ】
チャーム：約（直径）20mm
リング：約（直径）10mm
【材料】
樹脂粘土（黄緑色・黄色に着色）
チャーム：留め金具（カニカン）、アジャスター、Cカン2個、ひも留め（カン付き）2個、チェーン、フリーメタリコ、くみひも、曲パイプ、ヒートン、丸カン
リング：リング台（模様線4mm丸皿シルバー）
【道具】
金網
筆（平筆）
ピンバイス
多用途接着剤

1

黄緑色の樹脂粘土をチャームは直径約7mm、リングは直径約5mmに丸めます。

2

1を金網に押し付けてきんとんをつくります。

3

1つずつ外してパラパラのきんとん状にし、カッターやアートナイフで形を整えます。

4

黄色の樹脂粘土で栗の形をつくります。チャームは直径約8mmを2個、リングは直径約6mmを1個用意。

5

黄緑色の樹脂粘土を直径約7mm（チャーム）、直径5mm（リング）に丸め、4をボンドで貼りつけます（チャームは栗2個、リングは1個）。

6

3を5に1つずつピンセットで取り、ボンドで貼っていきます。

7

栗を囲むように貼ったら、平筆で水性アクリルニスを塗ります。完成写真を参考にして各パーツをつなぎます。

唐錦のピアス

掲載 P.29

【サイズ】
約（直径）7×（厚さ）8mm
【材料】
樹脂粘土（黄色・ピンク色・緑色に着色）
ピアス（カン付 ゴールド）2個
ヒートン No.7（ゴールド）2個
丸カン（0.7×3.5mm ゴールド）4個
【道具】
ラップ
霧吹き
ピンバイス
多用途接着剤

1

黄色、ピンク色、緑色の樹脂粘土を各直径約6mmに丸めます。

それぞれ同じ分量の1を合わせて、1つにまとめます。

霧吹きで水を吹きかけます。

3をラップで包んで、3色の境目の中心で絞ります。

ラップから取り出して、完全に乾燥させます。

つや消しニススプレーを吹きかけます。ピンバイスで穴をあけてヒートンを入れ、右の写真を参考に丸カン2個とピアスをつなげます。

紅葉のヘアピン
掲載 P.30

【サイズ】
約（縦）20×（横）20×（厚さ）2mm
【材料】
樹脂粘土（濃いオレンジ色・黄色に着色）
ヘアピン（10mm ゴールド）
【道具】
和菓子型（パジコ）
多用途接着剤

直径8mmの濃いオレンジ色の樹脂粘土と、直径約6mmの黄色の樹脂粘土を付けます。

クリアファイルに挟んでラップの芯でのばします。

たたむ・のばすを繰り返して、グラデーションをつくります。

和菓子型にはめ込みます。乾かないうちに取り出し、乾燥させて、つや消しニススプレーを吹きかけます。多用途接着剤でヘアピンに付けます。

※詳しいつくり方はP.56「青もみじのバレッタ」を参照してください。

ゆずのネックレス・ピアス

掲載 P.32

【サイズ】
ネックレス:約(直径)15mm
ピアス:約(直径)10mm
【材料】
樹脂粘土(明るい黄色・緑色に着色)
透明チューブ
ネックレス:留め金具(カニカン)、板ダルマ、Cカン2個、ひも留め(カン付き)2個、くみひも、曲パイプ、ヒートン、丸カン
ピアス:ピアス(芯立3mmゴールド)2個、樹脂パール(片穴4mmクリーム)2個、チェーン、ヒートン2個、丸カン2個
【道具】
歯ブラシ
筆(平筆)
ピンバイス
多用途接着剤

1

黄色と赤色でゆずの実の色に着色した樹脂粘土をでき上がりサイズを参考にして丸め、写真を参考にゆずの形に成形します。

2

歯ブラシを押し当て、表面に凸凹を付けます。

3

実の上部にアートナイフで切り込みを入れ、6等分のしわを付けます。

4

上部の中心に、つまようじの頭などでくぼみを付けます。

5

乾燥させたら、上部約2mmをカットし、ふたと実に分けます。

6

透明チューブを1mm四方の正方形にカットします。

7

緑色の樹脂粘土で長さ約5mmの棒と直径約2mmの平らな丸をつくります。

8

緑色の樹脂粘土で両端をとがらせた形に成形します。

9

平らにし、葉の形にしたら、アートナイフで葉脈を付けます。

10

両端を反らせて立体的な葉をつくります。

7と10をボンドで付けたら、5のふた上部にボンドで接着します。

5の実の上部にボンドをのせ、ピンセットを使って6の透明チューブを貼ります。

中が見えるようにふたと実をボンドで接着し、平筆で水性アクリルニスを塗ります。完成写真を参考にして各パーツをつなぎます。

いちご大福のチャーム・イヤリング
掲載 P.33

【サイズ】
チャーム：約（直径）15mm
イヤリング：約（直径）10mm
【材料】
樹脂粘土（ピンク色・白色・小豆色に着色）
アクリル絵具（赤色）
アクリル塗料（コーティング用）
チャーム：ひも留め、チェーン、板付バチ
カン（丸）、くみひも、淡水パール（1.5〜2mm ライス ホワイト）
イヤリング：ノンホールピアス2個、コイルリング用玉キャッチ2個、樹脂パール（片穴 4mm）2個、ラウンドプレート（カン付 6mm）2個、丸カン2個
【道具】
筆（平筆）
多用途接着剤

直径約5mmのピンク色の樹脂粘土を写真を参考にいちごの形に成形し、作業しやすいようつまようじを刺します。

いちごの表面に、種のように針で穴をあけます。

赤色の絵具を平筆でいちごに塗り、アクリル塗料でコーティングします。

白色の樹脂粘土と、小豆色の樹脂粘土をそれぞれ直径約10mmに丸めます。

4の白色の樹脂粘土をつぶします。

白色の樹脂粘土で、餡用の樹脂粘土を包みます。

完全に餡が隠れるよう包みます。

8

もちの上部に筆の柄の先など先端の丸いもので、くぼみを付けます。

9

3のいちごをもちの上にボンドで付け、平筆で水性アクリルニスを塗ります。完成写真を参考にして各パーツをつなぎます。

豆大福のネックレス・ピアス
掲載 P.33

【サイズ】
約（直径）12×（厚さ）7mm

【材料】
樹脂粘土（茶色・白色に着色）
アクリル絵具（黒色）
ベビーパウダー
ピアス（丸皿6mmゴールド）3個

【道具】
霧吹き
歯ブラシ
多用途接着剤

1
茶色の樹脂粘土に、黒色の絵具を少し混ぜ、小さく丸めます（両耳分で約10個）。

2

餡の部分をつくるために、茶色の樹脂粘土を直径約5mmに丸めます。

3

1、2が乾燥したら、2に白色の樹脂粘土を薄く被せます。

4

3に1の豆を3～5個のせます。同じくらいの分量の白色の樹脂粘土を丸めます。

5

白色の樹脂粘土を少しのばします。

6

4の上に5を厚めにかぶせます。

7

霧吹きで水をかけます。

8 ベビーパウダーをかけて乾燥させます。

9 歯ブラシで余計な粉を落とします。

10 つや消しニススプレーを2～3回吹きかけて定着させます。完成写真を参考に多用途接着剤でピアスに付けます。

松竹梅のブローチ 掲載P.34

【サイズ】
松：約（縦）15×（横）23×（厚さ）5mm
竹：約（縦）13×（横）20×（厚さ）5mm
梅：約（直径）17×（厚さ）10mm
【材料】
樹脂粘土（緑色・白色・茶色・黄緑色・薄黄色・朱色に着色）
透明粘土
水彩絵具（緑色）
プラ板
ウラピン No.101（ゴールド）3個
【道具】
金網
多用途接着剤

松

1 茶色の樹脂粘土を直径約3mmの楕円形に丸めたものを3個つくります。

2 樹脂粘土を緑色の直径約10mmと、白色の直径約8mmに丸めます。

3 緑色：白色＝3:1で樹脂粘土を付けます。クリアファイルで挟み、ラップの芯でのばす・たたむを繰り返してグラデーションをつくります。

4 白色の部分が下側にくるように、少し横長に丸めます。

5 指で松の形になるように大まかな形をつくったら、2箇所につまようじで跡を付けます。

6 下側の中心を凹ませます。

7 つまようじで下側に3～4本の線を入れて乾燥させたら、つや消しニススプレーを吹きかけます。

8

2の豆のパーツを多用途接着剤でコーティングして、7の上にのせます。多用途接着剤でウラピンを裏側に付けます。

竹 1

透明粘土に水彩絵具を混ぜて黄緑色に着色し、シート上に乾燥させて葉の形に切り抜きます。

2

黄緑色の樹脂粘土を、直径約10mmに丸めます。

3

2をクリアファイルで挟み、ラップの芯で伸ばします。

4

プラ板で等間隔に模様を付けます。

5

約23×28mmの四角形に切ります。

6

白色の樹脂粘土を約10mmの楕円形にして5で包みます。乾燥させたら、つや消しニススプレーを吹きかけます。

7

1の葉の全体に多用途接着剤を付けてコーティングし、つまようじで6の左中央に貼り付けます。多用途接着剤でウラピンを裏側に付けます。

梅 1

P42を参考にして薄黄色の樹脂粘土を金網に押し付けます。こしたらバラバラにせず、かたまりで乾燥させます。

2

朱色の樹脂粘土を直径約15mmのつぶれた丸にします。中心につまようじで印を付けます。

3

中心から三角ベラで花びら模様を付けます。一番上の花びらだけは、大きめになるように形づくります。

4

1をピンセットで適量取り、接着剤で3の中心部分に付けます。乾燥したら、つや消しニススプレーを吹きかけます。多用途接着剤でウラピンを裏側に付けます。

千鳥のバレッタ

掲載 P.35

【サイズ】（1個あたり）
約（縦）17×（横）20×（厚さ）2mm
【材料】
樹脂粘土（黄色・紫色に着色）
安口バレッタ（60mm ゴールド）
【道具】
和菓子型（パジコ）
スポンジ
多用途接着剤

1

直径約10mmの樹脂粘土に黄色と紫色の絵具を混ぜて、それぞれパステルカラーに着色します。

2

和菓子型に1を入れて、5個分のパーツをつくります。

3

2が乾かないうちに型から外し、スポンジで軽く表面と角の部分を叩きます。

4

乾燥したら、つや消しニススプレーを吹きかけます。多用途接着剤でバレッタに付けます。

うぐいすのチャーム・ピアス

掲載 P.36

【サイズ】
チャーム：約（直径）20mm
ピアス：約（直径）10mm
【材料】
樹脂粘土（黄色・緑色に着色）
水彩絵具（黒色）
アクリル塗料
チャーム：留め金具（カニカン）、アジャスター、Cカン2個、ひも留め（カン付き）2個、チェーン、フリーメタリコ、くみひも、曲パイプ、ヒートン、丸カン
ピアス：ピアス（芯立 3mm ゴールド）2個、樹脂パール（片穴 4mm クリーム）2個、チェーン、ヒートン2個、丸カン2個
【道具】
筆（平筆）／ピンバイス
多用途接着剤

1

チャームは緑色直径約15mm、黄色直径約8mm、ピアスは緑色直径約10mm、黄色直径約5mmの樹脂粘土を丸めます。

2

1の2つの丸を付けます。

3

くちばしと尾をとがらせて、写真を参考にうぐいすの形を成形します。

4

平筆で水性アクリルニスを塗ったあと、黒色の水彩絵具で目を描き、にじまないようアクリル塗料で目をコーティングします。完成写真を参考にして各パーツをつなぎます。

椿のブレスレット

掲載 P.37

【サイズ】
約 (縦) 15× (横) 10× (厚さ) 5mm

【材料】
樹脂粘土 (朱色・黄色に着色)
透明粘土
アクリル絵具 (緑色)
9ピン (0.5×20mm ゴールド) 7個
丸カン (0.7×3.5mm ゴールド) 16個
引き輪 (6mm ゴールド)
アジャスターNO1 (ゴールド)

【道具】
霧吹き
多用途接着剤
丸ヤットコ

1

緑色の絵具を混ぜた透明粘土をクリアファイルで挟み、ラップの芯で薄くのばします。

2

1が乾燥したら、ハサミで約7mmの葉の形に7枚カットします。

3

朱色の樹脂粘土を約10mmの楕円形に丸めます。

4

霧吹きで水を吹きかけてラップをかけたら、ラップのシワを付けます。

5

ラップの上から、つまようじの頭の部分で凹ませて筋をつくります。

6

黄色の樹脂粘土を丸めます。

7

6につまようじで中心部分に穴をあけます。

8

5と7を多用途接着剤で固定させて、乾燥したら、つや消しニススプレーを吹きかけます。

9

2の葉のパーツの両面に多用途接着剤を付けて、つまようじで8に固定します。

10
完全に乾燥する前に9ピンを通します。乾燥させて、9ピンの端を丸ヤットコで丸めます。丸カンを2個ずつ付けてつなげ、サイドにアジャスターと引き輪を付けます。

desicco（デシッコ）

和菓子をモチーフとした小さくてほっこりするアクセサリーや雑貨を制作、販売している。大和撫子のようなさりげなくも凛とした美しさをコンセプトに、現在イベントや委託販売など精力的に活動中。
https://twitter.com/desiccocco

on from home（オン フロム ホーム）

2004年よりお菓子を中心にミニチュア制作している姉妹ユニット。おもわず食べてしまいたくなる『おいしそうなミニチュア』を目指し、お菓子の世界を額で表現している。
http://www.wsf.itsudemo.net/on-fromhome

● スタッフ
撮影　　　　　奥村暢欣、市瀬真以（STUDIO DUNK）
スタイリング　露木 藍（STUDIO DUNK）
ブックデザイン　下里竜司
企画編集　　　吉岡奈美（STUDIO DUNK）
編集　　　　　村田知子（STUDIO DUNK）、明道聡子（リブラ編集室）、流石香織（Edit it）
進行　　　　　中嶋仁美

● 素材提供
株式会社パジコ
東京都渋谷区神宮1-11-11-607
TEL:03-6804-5171

● 撮影協力
AWABEES　03-5786-1600
UTUWA　03-6447-0070

樹脂粘土でつくる　ころんと可愛い
和菓子アクセサリー

平成28年1月20日　初版第1刷発行

著者　　desicco
　　　　on from home
発行人　穂谷竹俊
発行所　株式会社日東書院本社
　　　　〒160-0022　東京都新宿区新宿2丁目15番14号　辰巳ビル
　　　　TEL：03-5360-7522（代表）
　　　　FAX：03-5360-8951（販売部）
　　　　URL：http://www.TG-NET.co.jp
印刷所　三共グラフィック株式会社
製本所　株式会社セイコーバインダリー

● 本書の内容を許可なく無断転載・複製することを禁じます。
● 乱丁・落丁はお取り替えいたします。小社販売部までご連絡ください。
＊読者の皆様へ
本書の内容に関するお問い合わせは、お手紙かメール（info@TG-NET.co.jp）にて承ります。
恐縮ですが、お電話でのお問い合わせはご遠慮くださいますようお願いいたします。

本書の掲載作品について、営利目的（キット販売、オークション販売、インターネットの各種販売サイト、個人売買マーケット、SNS、実店舗やフリーマーケット、スクール運営など）で複製することは禁止されています。また、本誌掲載作品の類似品も営利目的では使用できません。

© desicco 2016
© on from home 2016
Printed in Japan
ISBN 978-4-528-02047-4 C2077